Zu diesem Heft wird das miniLÜK®-Kontrollgerät benötigt.

AF648720

So wird es gemacht:

Öffne das miniLÜK®-Kontrollgerät und lege die Plättchen in den unbedruckten Deckel. Jetzt kannst du auf den Plättchen und auf dem Geräteboden die Zahlen 1 bis 12 sehen.

Beispiel: Seite 2 „Baufahrzeuge“

Nimm das Plättchen 1, sieh dir Bild 1 an und suche das gleiche Bild in der farbigen Fläche darunter.
Die Lösung ist das Fahrzeug mit der Zahl 3. Die 3 ist auch die Feldzahl, auf die du das Plättchen im Kontrollgerät legen musst. Lege also das Plättchen 1 auf das Feld 3 im Geräteboden. Die Zahl 1 muss nach oben zeigen. So arbeitest du weiter, bis alle Plättchen im Geräteboden liegen. Schließe dann das Gerät und drehe es um.

Öffne es von der Rückseite. Wenn du das oben auf der Seite abgebildete Lösungsmuster siehst, hast du alle Aufgaben richtig gelöst.

Passen einige Plättchen nicht in das Muster, dann hast du dort Fehler gemacht. Drehe diese Plättchen da, wo sie liegen, um, schließe das Gerät, drehe es um und öffne es wieder.

Jetzt kannst du sehen, welche Aufgaben du falsch gelöst hast. Nimm diese Plättchen heraus und suche die richtigen Ergebnisse. Kontrolliere dann noch einmal. Stimmt jetzt das Muster?

Das System ist für alle Übungen gleich: Die roten Aufgabennummern im Heft entsprechen immer den miniLÜK-Plättchen aus dem Kontrollgerät. Die Zahlen hinter den Lösungen sagen dir, auf welche Felder des Kontrollgerätes du die Plättchen legen musst.

Und nun viel Spaß!

2 Finde gleiche Baufahrzeuge.

3 Finde gleiche Affen.

4 Finde gleiche Piraten.

5 Finde gleiche Fenster.

6 Finde gleiche Containerschiffe.

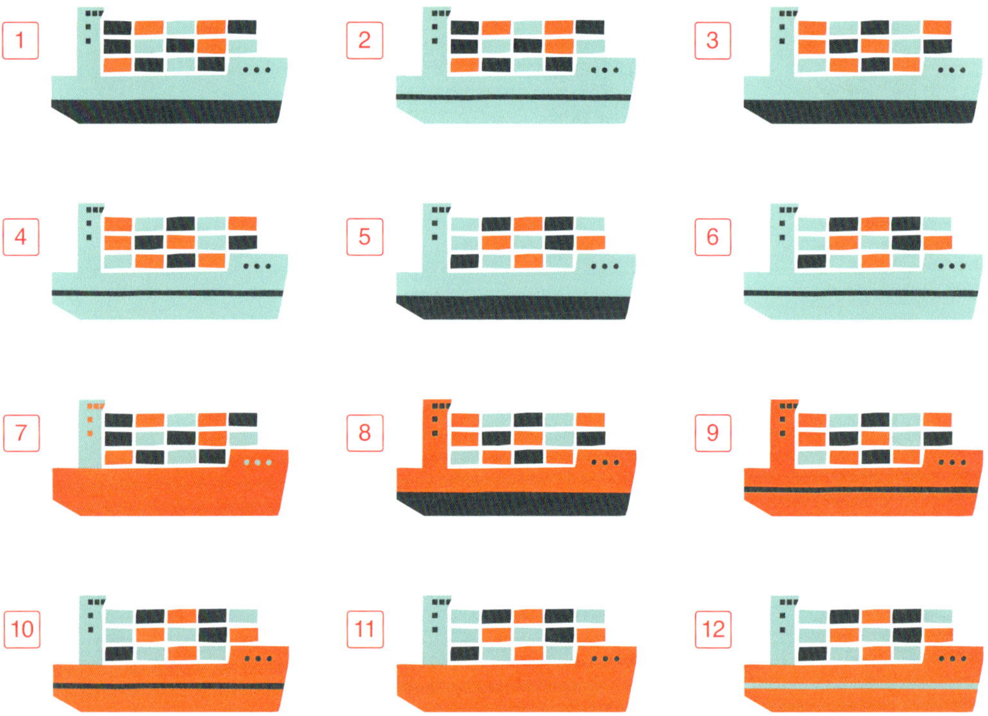

7 Finde gleiche Eulen.

1

2

3

4

5

6

7

8

9

10

11

12

10

2

12

1

4

9

3

11

5

8

7

6

8 Finde gleiche Schneemänner.

9 Finde gleiche Masken.

10 Finde gleiche Tassenstapel.

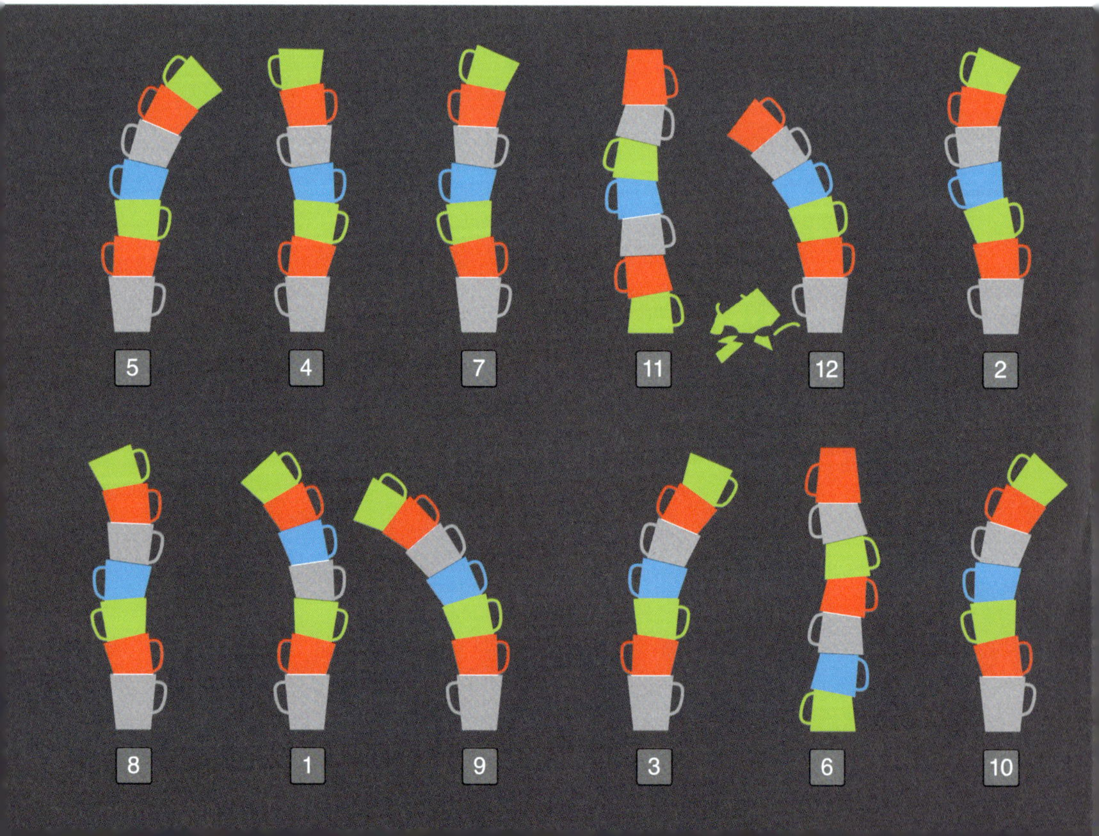

11 Finde gleiche Eistüten.

12 Finde gleiche Hirsche.

13 Finde gleiche Gewitterblitze.

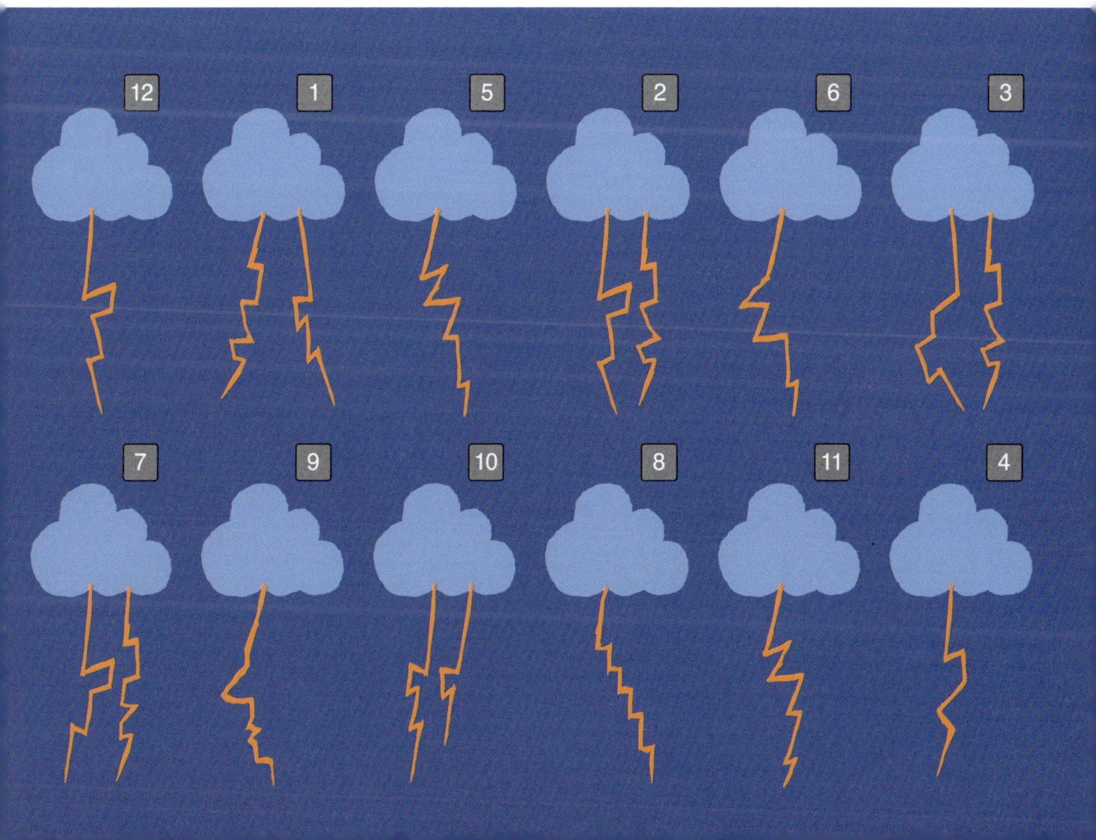

14 Finde gleiche Pilze.

15 Finde gleiche Schirme.

16 Finde gleiche Radfahrer.

17 Finde gleiche Roboter.

18 Finde gleiche Hexen.

19 Finde gleiche Drachen.

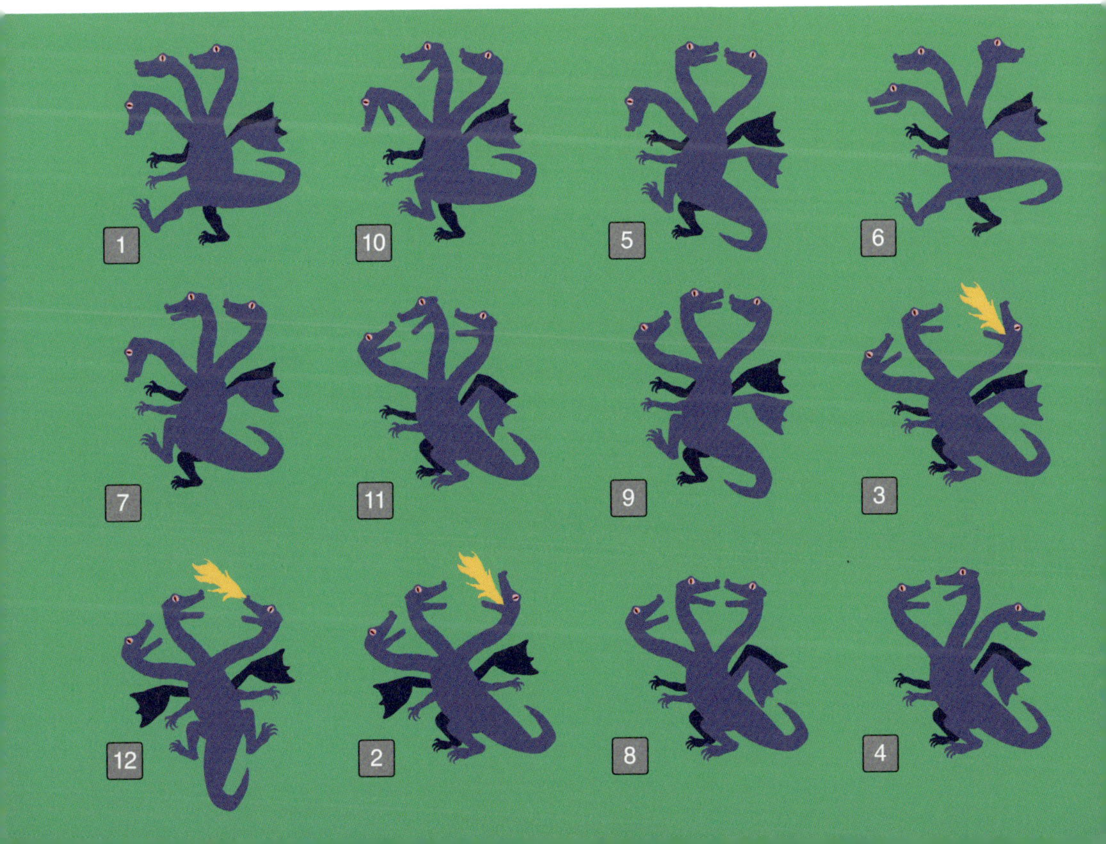

20 Finde gleiche Bagger.

21 Finde gleiche Kakteen.

22 Finde gleiche Bärte.

23 Finde gleiche Segelboote.

24 Finde gleiche Häuser.

25 Finde gleiches Obst.

1

2

3

4

5

6

7

8

9

10

11

12

11

8

5

10

4

12

9

7

3

2

1

6

26 Finde gleiche Frösche.

27 Finde gleiche Schlösser.

28 Finde gleiche Wölfe.

29 Finde gleiche Zauberwürfel.

30 Finde gleiche fliegende Fische.

31 Finde gleiche Reifen.

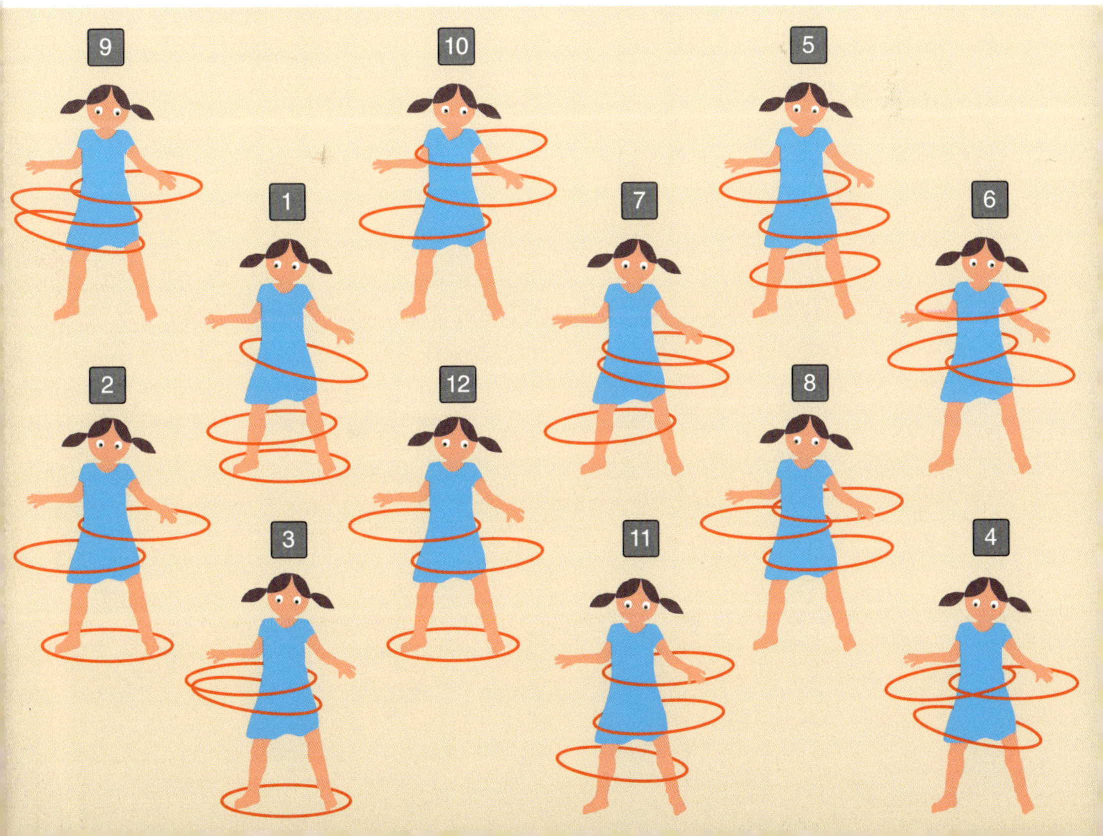

32 Finde gleiche Maulwürfe.